AF289027

# STIL MEINES LEBENS

Wundertütenpoet

VON

TINA HÜSCH

DIE MÖGLICHKEITEN
VON POESIE UND LEBENSGEFÜHL

Bibliografische Information der Deutschen Nationalbibliothek: Die Deutsche Nationalbibliothek verzeichnet diese Publikation in der Deutschen Nationalbibliografie; detaillierte bibliografische Daten sind im Internet über dnb.dnb.de abrufbar.

Foto: Katharina Nix

ISBN: 9783756211265

Herstellung und Verlag: BoD – Books on Demand, Norderstedt

# ABOUT ME

Ich mag es, beim Aufwachen das Zwitschern der Vögel zu hören, und liebe den Geruch von Frühling.

Wenn die Sonne mich auf der Nasenspitze kitzelt, bekommt meine Seele Lust zu tanzen und die Buntheit des Lebens zu feiern.

Mit Rüschen und Buchstabenglitzer hat mein Leben seinen ganz eigenen Stil und freut sich, mit meiner Phantasie im eigenen Wunderland der unendlich vielen Möglichkeiten verreisen zu können.

Meine Seele ist immer spontan und zu einem Abenteuer aufgelegt, wenn es darum geht, das Schöne im Leben zu suchen.

Ich entdecke jeden Tag eine neue kleine Verrücktheit an mir selbst und werde nicht müde, mich darüber zu freuen.

Mein Dasein hat seine ganz eigene Art der Weltensicht entwickelt und ist glücklich über den Zauber, der daraus sprüht.

Ich wünsche Dir viel Vergnügen dabei, wenn Du entdeckst,
wie Dein Lebensstil zu Deiner Lebensart wird, um Deinem Leben seine Farbe zu geben.

FÜR

DIE FARBEN

MEINER BUNTHEIT ...

Für alle,

die wissen,

dass der eigene Stil dem Leben die Melodie gibt.

Für Dich,

weil Du weißt,

dass Dein Lebensstil das Spiegelbild

Deiner Seele ist.

# INHALT

# EINBLICK, EINSICHT, ERKENNTNIS ...

Ein jeder Mensch hat seine ganze eigne Art und Weise, das Leben zu leben. Hier gibt es kein gut oder schlecht, sondern nur ein „anders".

So ist jeder Mensch sein eignes Universum.

Unser So-Sein ist unser Lebensstil, unsere Lebensweise, unsere Lebensart oder Lebensgewohnheit. In ihm liegen alle unsere Besonderheiten versteckt und er stellt unser ureigenes Sein dar.

Wie wir die Dinge sehen oder wie wir mit Situationen umgehen, was wir mögen oder was uns eine Gänsehaut einjagt.

Am Lebensstil eines Menschen kann man viele seiner Charaktereigenschaften erkennen und Vorlieben ausmachen.

Man kann in ihm lesen wie in einem offenen Buch und dadurch ganz viel über das einzelne Individuum erfahren.

Ein jeder von uns ist ein Kunstwerk mit Stärken und Schwächen, mit Freude und Leid, und all diese Emotionen trägt die Lebensweise nach außen und bringt sie dort zur Geltung.

Wenn wir mehr voneinander erfahren wollen, dann müssen wir uns eigentlich nur Zeit nehmen genauer hinzuschauen und schon werden wir feststellen, dass wir nur durch Beobachtung im Stande sind, einen Blick in die Seele des anderen zu werfen, dadurch werden wir viel empathischer werden.

In unserem Lebensstil sind unsere Verhaltensmuster versteckt und diese wiederum prägen unsere Persönlichkeit, die Art und Weise, wie wir unser tägliches Leben mit all seinen Gefühlen führen.

Doch auch unsere Wünsche und Ziele sind in unserer Eigenart zu leben versteckt und werden durch sie zum Ausdruck gebracht. Unsere Interessen und Meinungen gehören ebenso zu unseren Lebensgewohnheiten wie die von uns selbst erfundene tägliche Routine, mit der wir viele Abläufe in unserem Leben koordinieren.

In der heutigen Zeit spricht man oft von Lifestyle, wenn man seine Lebensgewohnheiten meint.

Darunter versteht man, wie und wo man lebt und welchen speziellen Ausdruck man seinem Leben gibt.

Letztendlich ist es jedoch immer der Ausdruck unserer Seele.

Die Farben unserer Seele finden sich in unserm Kleidungsstil wieder, wir erkennen sie in unseren Möbeln, Kissen und den Bildern, die wir an den Wänden hängen haben.

Nicht umsonst hat ein jeder von uns auch eine Lieblingsfarbe oder mag bestimmte Farbkombinationen nicht.

Nicht nur Farben geben unserem Leben seinen Stil, auch die Art zu reden, sich zu bewegen oder welche Musik man hört. All diese Dinge haben in unserem Leben ihren Sinn und Ausdruck.

Die Art, wie wir die Dinge tun, und die Gefühle, die wir damit verbinden, das alles gibt unserem Leben seinen eigenen Stil und dieser eigene Stil ist es, der uns letztendlich unverkennbar macht.

So entsteht aus uns das Individuum und ein jeder von uns sollte stolz auf seine eigene Einzigartigkeit sein und nicht versuchen, sie durch Vereinheitlichung sterben zu lassen.

Leider neigen wir in der heutigen Zeit dazu, alles einem Trend zu unterwerfen, den wir Mode nennen, und nicht auf den Ruf unserer Seele zu hören.

So haben viele von uns keinen eigenen Geschmack mehr entwickelt oder überlassen die Einrichtung ihrer Wohnung fremden Menschen.

Nicht mehr die Seele eines Menschen bestimmt, wie er leben möchte, sondern der von den Medien erfundene Modetrend.

Unter diesen Umständen ist es nicht schwer zu verstehen, warum viele Menschen den Bezug zum eigenen Sein immer mehr verlieren und sich in der äußeren Welt des Konsums wiederfinden.

Es macht oft den Eindruck, dass wir unser Leben nicht mehr selbst leben und bestimmen, sondern dass wir gelebt werden.

Aus diesem Grunde ist es meiner Seele wichtig, nicht nur einem Modetrend nachzuhaschen, sondern sich selbst wiederzufinden im eignen Leben.

Ich möchte meine Farben leben, ich möchte mich in gebrauchten Dingen wiederfinden, die nicht nur mein Leben verschönern, sondern schon das Leben von anderen Menschen verschönert haben.

In diesen alten Dingen kann man das Lachen und das Glück vergangener Tage finden oder auch die Traurigkeit einer schweren Zeit.

All das bedeutet leben, und nicht dem schnellen Konsum und oder einem aufkommenden Kult nachzulaufen.

Der eignen Seele treu zu sein und sich nicht zu verkleiden, sondern das innerste Gefühl nach außen kommen zu lassen, damit es die Welt erkennen kann.

Das Leben nicht so zu gestalten, dass es nur bequem ist, sondern so, dass die Seele sich darin wohlfühlt und Spaß haben kann.

Daran sollten wir alle arbeiten.

So können wir ein Leben aus vollem Herzen führen und sind zufrieden in unserem Sein und nicht nur an neuen Konsumprojekten interessiert.

Wenn wir lernen, mit dem, was wir haben, unser Leben zu verschönern, kreieren wir auch wieder ganz neue Stile und erschaffen uns selbst neu.

Unser Leben sollte immer seine eigene unverkennbare **Ausdrucksweise** haben.

**A** – ußergewöhnlich
**U** – nbeschwert
**S** – eele
**D** – ankbar
**R** – ücksichtsvoll
**U** – nwiderstehlich
**C** – hancen
**K** – reativität
**S** – pielerisch
**W** – armherzig
**E** – infallsreichtum
**I** – ntuition
**S** – paß
**E** – rfreuen

Der Stil des Lebens kann sich immer **außergewöhnlich** und **unbeschwert** zeigen, damit die **Seele dankbar** ihr Sein genießt. So werden **rücksichtsvoll** und doch **unwiderstehlich** alle **Chancen**, die sich ein Leben vorstellen kann, genutzt werden, um die volle **Kreativität** zu entfalten. Dadurch wird der Lebensweg **spielerisch** sein und **warmherzig** das Gefühl. **Einfallsreichtum** wird zur eigenen **Intuition** werden und mit **Spaß** das Leben **erfreuen**.

So liegt auch im Lebensstil die Kreativität der eigenen Phantasie verborgen. Lass ihr Flügel wachsen, so dass sie Dich mitnehmen kann in ihr Wunderland. Denn wer sich einmal selbst gefunden hat, ist im Stande die Welt zu verstehen. So höre, wie Dein Lebenswunderstil mit Dir lacht und Deine Wünsche und Träume entfacht.

# LEBENSWUNDERSTIL

Ich hab meinen eignen Stil,
so wird mir nix zu viel.
Kann hinterm Regenbogen den Mond erkennen
und mich in meinem Wunderland verrennen.
So werden meine Flüsse aufwärtsfließen
und aus allen schwarzen Löchern Blumen sprießen.
Werde all das Schöne im Leben erkennen
und das Glück beim Namen nennen.
Dann wird die Sonne wieder scheinen
und es gut mit meinem Leben meinen,
auf dass sich die Wunder mit der Realität vereinen
und alles Negative verneinen.
So hat der Stil in mir sein Ziel
alles für des Lebens Spiel,
denn Glücklichsein ist des Lebens Deal.

Dadurch erkenne ich mich selbst wieder, in jeder meiner Bewegungen, in jeder meiner Farben, und kann meiner Seele treu sein.

Somit wird meine Seele nichts bereuen und muss keinen falschen Sehnsüchten folgen, die sich Modetrend nennen.

Mein Ich möchte sich in seinem Spiegelbild immer wiederfinden und sich darüber freuen, dies zu Lebzeiten schon erkannt zu haben und arglos mit Zufriedenheit alles Schöne genießen zu können.

KOMM MIT ZU DEINEM EIGNEN STIL, DANN WIRD DIR NIE EIN MODETREND ZU VIEL.
DENN DU HAST DEINE EIGENE WELT UND MACHST SIE, WIE SIE DIR GEFÄLLT.

# ERSTER STREICH ...

Die **Reise in mir** führt mich zu meinem **Spiegelbild**, wo mit einem **Lebenslachen Mein Gefühl** auf mich wartet.

Zusammen schauen wir uns den **Lebensfilm** an, damit die **Hexenfee** in mir **Einfach ich** sein kann.

So bin ich mein eigener **Direktor** und verleihe meinem Sein **Ausdruck**, damit es durch kein **Raster** fällt und mir **Einfach mehr ...**
**Von Feen und Fischen** erzählen kann.

# REISE IN MIR

Ich habe meine eigne Ausdrucksweise,
mit der ich durch die Welten reise.
Tue es auf meine Weise,
immer laut
und niemals leise,
wenn ich so in mir verreise.

# SPIEGELBILD

Draußen in der Welt ist es so
wie in meinem Herzen drin,
denn ich geb meinem Leben selbst den Sinn.
Kann nur das erreichen, was auch in mir wohnt,
muss mehr lachen, damit sich das Leben lohnt.
Bin selbst mein eignes Spiegelbild:
Außen klein und innen wild,
geb ich dem Leben meinen Stil
und komm mit Phantasie ans Ziel.
So geht des Lebens Spiel.

# LEBENSLACHEN

Ein Lachen im Herzen
und Fröhlichkeit im Blut,
damit ist alles Schwere gut.
Sendet einander ein Lachen,
lasst es über eure Herzen wachen,
dann wird es euch viel Freude machen.
So kommt das Lachen in die Welt
und ist wie ein Stern,
der euch vor die Füße fällt
und eure eigne Welt erhellt.

# MEIN GEFÜHL

Stil, mein ureigenes Gefühl,
mein unverkennbar eignes Sein,
mein „Mehr Wasser anstatt Wein".
Mein Wortleuchten mit Tintenglück,
was bin ich von der Welt verzückt.
Kann ich doch so sein, wie ich will,
einfach nur für mein Gefühl.

# LEBENSFILM

Spiele deinen eignen Film,
gib deinem Leben einen Sinn.
Fang wieder das Tanzen an,
frag nicht erst nach irgendwann.
Sei das Ich im Du versteckt,
sing mit deiner Seele im Duett,
dann bist du in dir selbst komplett.

# HEXENFEE

Für manche Erkenntnis braucht man länger,
doch besser spät als NIE
fürs große Ziel beim langen WIE!
Wenn dann noch das WARUM vorbeischaut,
ist alles in mir ganz vertraut
und ich hab meine Luftschlösser nicht auf Sand gebaut.
So bin ich die gute Hexenfee in meinem Leben
und schaff's mit viel Magie
besser SPÄT als NIE!

# EINFACH ICH

Da gibt es meine Handschrift,
meine Redensart,
mit ihr habe ich immer eine Formulierung parat.
Da gibt es den Stil meiner Ausdrucksform,
mit ihr werden immer neue Ideen geborn.
So ist meine Lebensgewohnheit immer bereit,
ein neues Gedicht zu erschaffen zu jeder Zeit.
Das macht meine Träume weit
und sie sind zum Fliegen bereit
in eine wundervolle Zeit!

# DIREKTOR

Ich hab Meisen unter dem Pony,
Schmetterlinge in meinem Brausebauch,
Hummeln im Arsch
und einen Floh im Ohr.
So kommt es nicht selten vor,
dass jeder denkt, ich spinn,
dabei hab ich doch nur einen Zirkus in mir drin,
von dem ich der Direktor bin.

# AUSDRUCK

Lasst mir meine bunten Kleider
und mein wildes krauses Haar.
Lasst mir meine Sicht und meinen Klimperschmuck,
denn all das ist mein eigener Ausdruck.
Dieser ist so wichtig für meinen Sinn,
denn nur mit ihm bekomm ich all die wilden wundervollen Dinge hin.
So ist Kreativität in meinem Sinn,
auch wenn jeder denkt, ich spinn,
ist doch die Phantasie mein Hauptgewinn.

# RASTER

Für alles gibt es eine Norm
oder eine Form.
Fällst du aus den Anforderungen raus,
ist es erst mal aus.
Du musst in das Raster passen,
sonst will man dich nicht mitmachen lassen.
Ist denn so was noch zu fassen?
Wo bleibt die Individualität,
ist es für Besonderheiten bereits zu spät?
Wurde zu viel Gleichheit gesät?

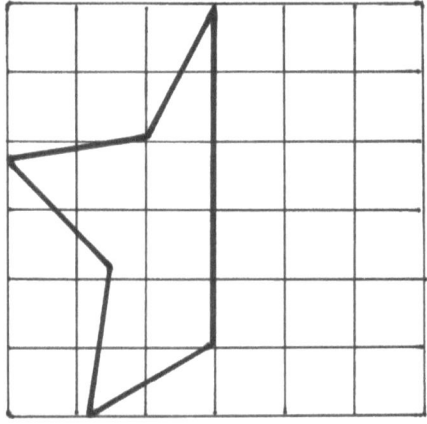

# EINFACH MEHR ...

Stil ist mehr
als nur eine Haltung,
Stil ist die Verwaltung deines Seins.
Lass nur Besonderheiten rein,
denn das Außergewöhnliche will leben
und sich nicht dem Grau ergeben.

# VON FEEN UND FISCHEN

Feen zwitschern,
Fische singen,
in meiner Welt kann mir alles gelingen,
wenn die Wunder sich vollbringen.
Die Sonne lacht
und der Mond erwacht,
wenn die Sterne sacht anfangen zu tanzen.
So kann ich Purzelbäume schlagen,
mich an große Träume wagen,
die Elfen nach 'nem Einhorn fragen
und muss niemals mehr verzagen,
da sich in meiner Welt alle Ungeheuer vertragen.

# ERKENNTNISSE DES ERSTEN STREICHS ...

WIE sieht das Spiegelbild aus, dass Du auf Deiner Reise in Dir gefunden hast?

Ist es mehr Engel oder Hexenfee?

Schreib die Art Deines eignen Seins hier nieder, dann begegnest Du Dir täglich immer wieder.

. . . . . . . . . . . . . . . . . . . . . . . . . . . . . . . . . . . . . . . . . . . . . . . . . . . . . . . . . . . . .
. . . . . . . . . . . . . . . . . . . . . . . . . . . . . . . . . . . . . . . . . . . . . . . . . . . . . . . . . . . . .
. . . . . . . . . . . . . . . . . . . . . . . . . . . . . . . . . . . . . . . . . . . . . . . . . . . . . . . . . . . . .
. . . . . . . . . . . . . . . . . . . . . . . . . . . . . . . . . . . . . . . . . . . . . . . . . . . . . . . . . . . . .
. . . . . . . . . . . . . . . . . . . . . . . . . . . . . . . . . . . . . . . . . . . . . . . . . . . . . . . . . . . . .
. . . . . . . . . . . . . . . . . . . . . . . . . . . . . . . . . . . . . . . . . . . . . . . . . . . . . . . . . . . . .
. . . . . . . . . . . . . . . . . . . . . . . . . . . . . . . . . . . . . . . . . . . . . . . . . . . . . . . . . . . . .
. . . . . . . . . . . . . . . . . . . . . . . . . . . . . . . . . . . . . . . . . . . . . . . . . . . . . . . . . . . . .
. . . . . . . . . . . . . . . . . . . . . . . . . . . . . . . . . . . . . . . . . . . . . . . . . . . . . . . . . . . . .
. . . . . . . . . . . . . . . . . . . . . . . . . . . . . . . . . . . . . . . . . . . . . . . . . . . . . . . . . . . . .
. . . . . . . . . . . . . . . . . . . . . . . . . . . . . . . . . . . . . . . . . . . . . . . . . . . . . . . . . . . . .
. . . . . . . . . . . . . . . . . . . . . . . . . . . . . . . . . . . . . . . . . . . . . . . . . . . . . . . . . . . . .
. . . . . . . . . . . . . . . . . . . . . . . . . . . . . . . . . . . . . . . . . . . . . . . . . . . . . . . . . . . . .
. . . . . . . . . . . . . . . . . . . . . . . . . . . . . . . . . . . . . . . . . . . . . . . . . . . . . . . . . . . . .
. . . . . . . . . . . . . . . . . . . . . . . . . . . . . . . . . . . . . . . . . . . . . . . . . . . . . . . . . . . . .

# ZWEITER STREICH ...

Jetzt hast Du bei der Reise in Dir selbst erkannt, wie schön Dein Spiegelbild leuchtet und Dein eigener Ausdruck in kein Raster passt.

## SUCH DICH JEDEN TAG IN DIR SELBST WIEDER, DANN HAST DU DEINE EIGENEN LIEDER!

**Solange ...** man mit **Leidenschaft** lebt und den **Tick der Macke** zelebriert, freut sich der **Schutzengel** über das **Schweineglück**, seinen eigenen **Wirklichkeitsstil** gefunden zu haben.

So wird die **Lebensmagie des Geistes** immer wieder einen neuen **Lebensanfang** wagen und ohne jede **Bemühung** **Eine Runde Wunder** finden.

Dadurch ist die **Frohnatur** in Dir Dein eigener **Ausdruck und Sinn**!

# SOLANGE...

Solange du anders bist,
die Welt dich nicht vergisst.
Solange du deine eigene Meinung hast,
deine Seele nichts verpasst.
Solange du das Schöne siehst,
das Negative von alleine flieht.
Solange du das Lachen kennst,
du in die richtige Richtung rennst.

# LEIDENSCHAFT

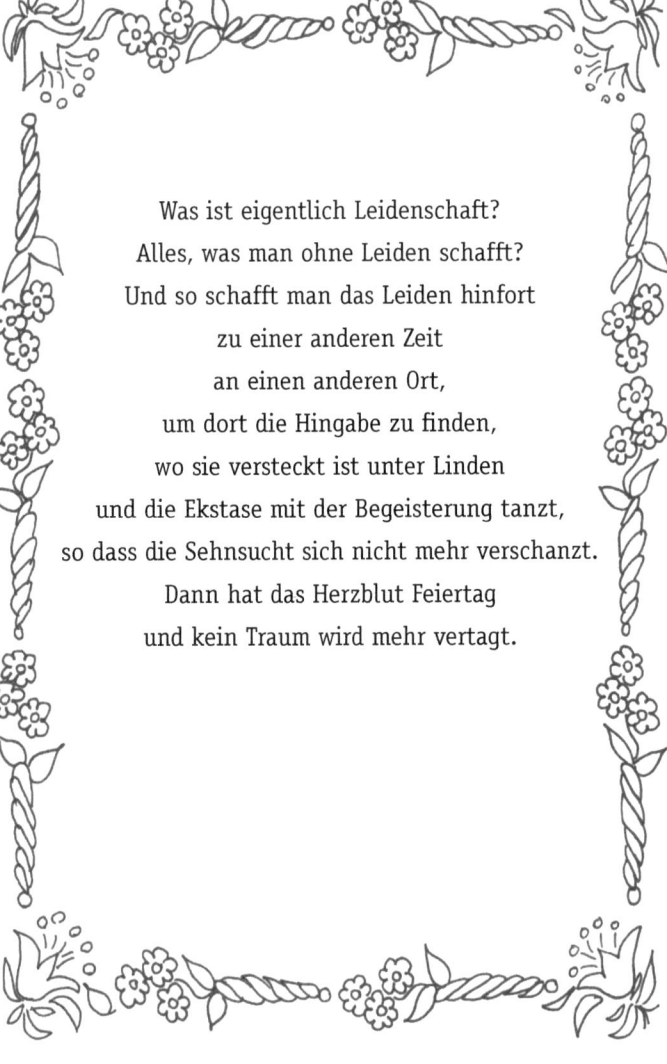

Was ist eigentlich Leidenschaft?
Alles, was man ohne Leiden schafft?
Und so schafft man das Leiden hinfort
zu einer anderen Zeit
an einen anderen Ort,
um dort die Hingabe zu finden,
wo sie versteckt ist unter Linden
und die Ekstase mit der Begeisterung tanzt,
so dass die Sehnsucht sich nicht mehr verschanzt.
Dann hat das Herzblut Feiertag
und kein Traum wird mehr vertagt.

# TICK DER MACKE

Jeder darf einen Tick haben,
eine Macke, einen Spleen,
damit die Träume nicht an ihm vorüberziehen.
Jeder darf nach den Sternen greifen
und auf Glück einstellen die Lebensweichen,
so wird die Freude für alle reichen
und aller Hass auf Erden erweichen.

# SCHUTZENGEL

Wer sein Leben nicht tanzt,
ist für seinen Schutzengel nicht akzeptabel.
Da ist er auch nicht variabel,
sondern hält an seinen Prinzipien fest.
So tanz mit ihm,
dann wird er vor Freude lachen
und alle verrückten Sachen mit dir machen.

# SCHWEINEGLÜCK

Ich hab so ein Schweineglück,
meine Welt ist so verzückt,
alle Regeln sind verrückt
und kein Monster ist bedrückt.
Mit ein bisschen Glitzer obendrauf
hab ich meinen großen Lauf.
Meine Freunde sind die Sterne,
ich mag ihre Lieder gerne,
denn von ihnen lerne ich das Bei-mir-Sein
und fühle mich endlich nicht mehr klein,
darf ich doch immer meine eigne Freude sein.

# WIRKLICHKEITSSTIL

Lebensstil, Klamottenstil, Wohnstil,
so viele Stile
und so wenig Innovation,
wer kennt das nicht schon?
Zu viel Mode,
zu wenig Individualität,
für die eigne Meinung ist es zu spät.
Sei der, der du wirklich bist,
damit du dich niemals vergisst!

# LEBENSMAGIE DES GEISTES

Ich mache mir das Leben schön
und lach mit meinem Geist,
dann bricht das kalte Eis.
Wenn wir zusammen eine Einheit sind,
kriegen wir alles hin.
Die Lebensmagie wird uns verzaubern
und wir müssen nichts mehr bedauern.

# LEBENSANFANG

So wie du bist,
bist du perfekt,
also bleibe nicht hinter dir versteckt,
fühl dich aufgeweckt,
sei ganz keck.
Fang das eigene Leben an,
frag nicht erst nach irgendwann.
Lass die eigenen Träume raus,
dann nimmt alles seinen Lauf
und du kommst gut drauf.

# BEMÜHUNG

Wir sind nie wirklich da,
sind nie wirklich im Jetzt,
sondern einfach nur gehetzt.
Bemühen uns schneller, besser und weiter zu sein,
doch fühlen uns innerlich nur klein,
dabei wollen wir nur glücklich sein
wie alle anderen auch,
einfach fröhlich aus dem Bauch.

# EINE RUNDE WUNDER

Lasst uns eine Runde Wunder in uns suchen
und den Einheitsbrei verfluchen.
Lasst uns die eigenen Träume fliegen sehen,
so werden die Ideen auferstehen
und das Leben bunt gestalten,
auf dass wir uns nicht mehr tot verwalten.

# FROHNATUR

Einfach lachen,
verrückte Sachen machen,
das Glück im Leben begrüßen
und keinen Fehler büßen.
Das ist das schöne Leben pur,
wenn du bist eine Frohnatur.

# AUSDRUCK UND SINN

Wie du dich anziehst,
gibt deinem Ausdruck Sinn
und ist für deinen Geist Gewinn.
So, wie du dich kleidest,
verbreitest du Stimmung,
gehst mit anderen in Verbindung
für gemeinsame Gesinnung.
Lass dich was Besonderes sein,
so kommt der Spaß in dein Leben rein.

# ERKENNTNISSE DES ZWEITEN STREICHS ...

HATTEST Du auch das Schweineglück, den Tick der eigenen Macke zu kennen?

Notiere Deine Macken hier, dann gehört Dein Tick alleine Dir!

. . . . . . . . . . . . . . . . . . . . . . . . . . . . . . . . . . . . . . . . . . . .
. . . . . . . . . . . . . . . . . . . . . . . . . . . . . . . . . . . . . . . . . . . .
. . . . . . . . . . . . . . . . . . . . . . . . . . . . . . . . . . . . . . . . . . . .
. . . . . . . . . . . . . . . . . . . . . . . . . . . . . . . . . . . . . . . . . . . .
. . . . . . . . . . . . . . . . . . . . . . . . . . . . . . . . . . . . . . . . . . . .
. . . . . . . . . . . . . . . . . . . . . . . . . . . . . . . . . . . . . . . . . . . .
. . . . . . . . . . . . . . . . . . . . . . . . . . . . . . . . . . . . . . . . . . . .
. . . . . . . . . . . . . . . . . . . . . . . . . . . . . . . . . . . . . . . . . . . .
. . . . . . . . . . . . . . . . . . . . . . . . . . . . . . . . . . . . . . . . . . . .
. . . . . . . . . . . . . . . . . . . . . . . . . . . . . . . . . . . . . . . . . . . .
. . . . . . . . . . . . . . . . . . . . . . . . . . . . . . . . . . . . . . . . . . . .
. . . . . . . . . . . . . . . . . . . . . . . . . . . . . . . . . . . . . . . . . . . .
. . . . . . . . . . . . . . . . . . . . . . . . . . . . . . . . . . . . . . . . . . . .
. . . . . . . . . . . . . . . . . . . . . . . . . . . . . . . . . . . . . . . . . . . .
. . . . . . . . . . . . . . . . . . . . . . . . . . . . . . . . . . . . . . . . . . . .
. . . . . . . . . . . . . . . . . . . . . . . . . . . . . . . . . . . . . . . . . . . .
. . . . . . . . . . . . . . . . . . . . . . . . . . . . . . . . . . . . . . . . . . . .

· · · · · · · · · · · · · · · · · · · · · · · · · · · · · ·
· · · · · · · · · · · · · · · · · · · · · · · · · · · · · ·
· · · · · · · · · · · · · · · · · · · · · · · · · · · · · ·
· · · · · · · · · · · · · · · · · · · · · · · · · · · · · ·
· · · · · · · · · · · · · · · · · · · · · · · · · · · · · ·
· · · · · · · · · · · · · · · · · · · · · · · · · · · · · · · · · · · · · · · · · · · · · · · · · ·
· · · · · · · · · · · · · · · · · · · · · · · · · · · · · · · · · · · · · · · · · · · · · · · · · ·
· · · · · · · · · · · · · · · · · · · · · · · · · · · · · · · · · · · · · · · · · · · · · · · · · ·
· · · · · · · · · · · · · · · · · · · · · · · · · · · · · · · · · · · · · · · · · · · · · · · · · ·
· · · · · · · · · · · · · · · · · · · · · · · · · · · · · · · · · · · · · · · · · · · · · · · · · ·
· · · · · · · · · · · · · · · · · · · · · · · · · · · · · · · · · · · · · · · · · · · · · · · · · ·
· · · · · · · · · · · · · · · · · · · · · · · · · · · · · · · · · · · · · · · · · · · · · · · · · ·
· · · · · · · · · · · · · · · · · · · · · · · · · · · · · · · · · · · · · · · · · · · · · · · · · ·
· · · · · · · · · · · · · · · · · · · · · · · · · · · · · · · · · · · · · · · · · · · · · · · · · ·
· · · · · · · · · · · · · · · · · · · · · · · · · · · · · · · · · · · · · · · · · · · · · · · · · ·
· · · · · · · · · · · · · · · · · · · · · · · · · · · · · · · · · · · · · · · · · · · · · · · · · ·
· · · · · · · · · · · · · · · · · · · · · · · · · · · · · · · · · · · · · · · · · · · · · · · · · ·
· · · · · · · · · · · · · · · · · · · · · · · · · · · · · · · · · · · · · · · · · · · · · · · · · ·
· · · · · · · · · · · · · · · · · · · · · · · · · · · · · · · · · · · · · · · · · · · · · · · · · ·
· · · · · · · · · · · · · · · · · · · · · · · · · · · · · · · · · · · · · · · · · · · · · · · · · ·
· · · · · · · · · · · · · · · · · · · · · · · · · · · · · · · · · · · · · · · · · · · · · · · · · ·
· · · · · · · · · · · · · · · · · · · · · · · · · · · · · · · · · · · · · · · · · · · · · · · · · ·
· · · · · · · · · · · · · · · · · · · · · · · · · · · · · · · · · · · · · · · · · · · · · · · · · ·

56

# DRITTER STREICH ...

Ich hoffe, Du hast auch für Dich erkennen können, dass es im Leben immer wieder eine neue Runde Wunder geben wird.

## SEI DEINE EIGENE FROHNATUR, SO WIRD DEIN LEBEN DIE LIEBE PUR!

Der **Spirit unserer Seele** ist ein **Meer der 1000 Inseln.**

So hat unser **Lebensmuster Lange Nächte, kurze Tage,** ist **Außen hart und innen zart.**

**Weil es dich gibt**, Du liebe Seele, wird meine Art nie **Fast Fashion** sein, sondern mit **Zu viel Stil** in **Grün** ein **Denkmal** bauen, und **Nur ein Stein** reicht für ein ganzes **Irrenhaus.**

# SPIRIT UNSERER SEELE

Man hat ihn
oder hat ihn nicht.
Er ist mehr als eine Mode,
die nicht spricht.
Er ist der Spirit unserer Seele,
gibt ihr Aussehen und auch Kraft,
hat für sie ihren Ausdruck erdacht.
Deshalb schaut euch die äußeren Seelenbilder an,
dann wisst ihr,
wer da drinnen wohnt,
und lauft nicht rum
wie nur geklont.

# MEER DER 1000
# INSELN

Ich bin ein Meer aus 1000 Inseln,
bunt gemalt von vielen Pinseln.
Erhellt ein Feuerwerk meine Nacht
und meine Phantasie von Träumen wach.
So ist mein Leben ein Wunder und wird immer bunter.
Ich liebe es, auf der Welt zu sein,
auf all meinen Inseln,
gemalt von den wundervollen bunten Pinseln.

# LEBENSMUSTER

Das Leben hat kein Muster,
kein Schema und kein Prinzip.
In der Praxis fehlt die Logik
und die Freude braucht den Sieg.
Tauche im Meer der Möglichkeiten
immer nach den schönen Seiten
für deines Lebens Roman,
dann werden deine Geschichten zu Wirklichkeit werden
und dich bezaubern hier auf Erden.

# LANGE NÄCHTE, KURZE TAGE

Lange Nächte, kurze Tage
und dazwischen keine Frage
nur eine Menge unendlich großer Spaß,
bei dem noch jede Sorge sich selbst vergaß,
so tanze ich durchs Leben, um ihm
ganz viel Freude zu geben.

# AUSSEN HART
# UND INNEN ZART

Jeder hat seine eigene Weise,
ist sie auch mal laut, mal leise,
ist sie doch immer Inhalt der Lebensreise.
Und so ist's die eigne Art,
die das Leben offenbart,
außen hart und innen zart.

# WEIL ES DICH GIBT

Weil es dich gibt,
ist die Welt verzückt
und ein bisschen verrückt.
Komm und lebe deine Phantasie,
sie ist die Antwort auf das große WIE!
Du bist dein eigenes WARUM,
sind auch alle anderen stumm.
So hast du deinen eignen Stil,
er führt dich sicher an dein Ziel.

# FAST FASHION

Was jeder mag, das will ich nicht,
auch wenn man da von Mode spricht.
Hab so meine eigne Art,
außen hart und innen zart,
so bin ich immer ganz auf Draht,
um alle Funken aufzufangen,
die aus der Welten Idee entsprangen.
Werde ihnen etwas von meiner Phantasie abgeben
und sie lehren zu fliegen,
damit sie wieder Wunder kriegen
und über alles Böse siegen.

# ZU VIEL STIL

Es gibt einen Modestil,
einen Zeichenstil,
einen literarischen Stil,
doch ich glaub, das wird mir zu viel,
irgendwann bin ich beim Besenstiel.
Will lieber meine eigne Art erschaffen,
ohne dass die Leute gaffen.
So bin ich mein eigenes Layout
und habe mich all meine Träume getraut.
Hab mir meine Wunder gebaut
als Malvorlage mit viel Toleranz,
da ich weiß,
das Leben kann's!

# GRÜN

Eigentlich mag ich Grün sehr gern,
ist es doch so wichtig,
hier auf unserem blauen Stern,
denn aus ihm kann alles wachsen
und das brauchen meine Faxen.
Denn mit frischem, sattem Grün
ist erst unsere Seele schön,
in allem so der neue Anfang liegt,
das macht mich lustig und vergnügt,
da sich so ein Wunder zum anderen fügt.

# DENKMAL

Sternschnuppen und Regenbogen,
Einhörner und Zuckerwatte,
Glückskleeblätter und ein Karussell,
meine Phantasie dreht sich manchmal sehr schnell
und alles Grau wird wieder hellbuntgrell.
So zaubre ich meinen eignen Stil
mit Konfetti und Glitzer
und hinterlass überall ein paar bunte Spritzer,
sie werden mein Denkmal sein,
wenn ich schau vom Himmel ins Erdenleben rein.

# NUR EIN STEIN

Manchmal bleibt von den Schlössern,
die wir bauen, nur ein Stein
und wir fühlen uns allein,
lassen keinen anderen rein,
sind in der Einsamkeit verhext
und haben so mancherlei Komplex.
Doch keiner wagt sich was zu sagen
oder gar nach was zu fragen,
alle ertragen diese Lügen
an allen Tagen,
um zu ihnen „Schicksal" zu sagen.

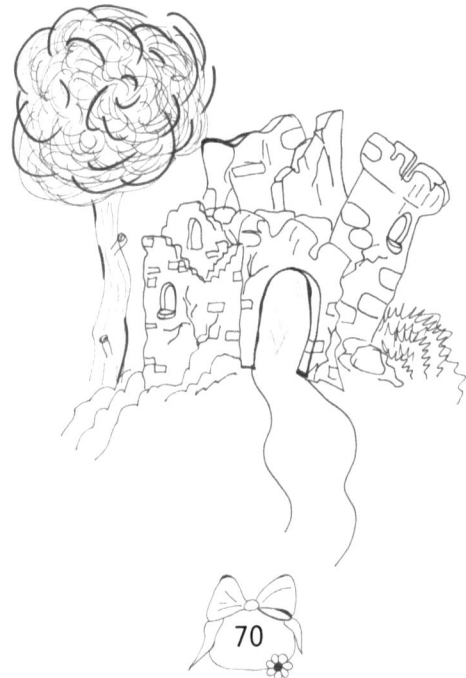

# IRRENHAUS

Willkommen im Irrenhaus,
hier kommt keiner lebend raus.
Erde heißt die Anschrift schlicht,
unter der man jeden trifft.
Deshalb werde ein Unikat,
nur so bleibt dir
der Durchschnitt erspart.

# ERKENNTNISSE DES DRITTEN STREICHS ...

IM Meer der 1000 Inseln leben die unendlich vielen Möglichkeiten Deines Lebens.

Halt hier Deine eignen Träume fest, damit das Möglichwerden sie nie verlässt.

. . . . . . . . . . . . . . . . . . . . . . . . . . . . . . . . . . . . . . . . . . . . . .

. . . . . . . . . . . . . . . . . . . . . . . . . . . . . . . . . . . . . . . . . . . . . .

. . . . . . . . . . . . . . . . . . . . . . . . . . . . . . . . . . . . . . . . . . . . . .

. . . . . . . . . . . . . . . . . . . . . . . . . . . . . . . . . . . . . . . . . . . . . .

. . . . . . . . . . . . . . . . . . . . . . . . . . . . . . . . . . . . . . . . . . . . . .

. . . . . . . . . . . . . . . . . . . . . . . . . . . . . . . . . . . . . . . . . . . . . .

. . . . . . . . . . . . . . . . . . . . . . . . . . . . . . . . . . . . . . . . . . . . . .

. . . . . . . . . . . . . . . . . . . . . . . . . . . . . . . . . . . . . . . . . . . . . .

. . . . . . . . . . . . . . . . . . . . . . . . . . . . . . . . . . . . . . . . . . . . . .

. . . . . . . . . . . . . . . . . . . . . . . . . . . . . . . . . . . . . . . . . . . . . .

. . . . . . . . . . . . . . . . . . . . . . . . . . . . . . . . . . . . . . . . . . . . . .

. . . . . . . . . . . . . . . . . . . . . . . . . . . . . . . . . . . . . . . . . . . . . .

. . . . . . . . . . . . . . . . . . . . . . . . . . . . . . . .

. . . . . . . . . . . . . . . . . . . . . . . . . . . . . . . .

. . . . . . . . . . . . . . . . . . . . . . . . . . . . . . . .

. . . . . . . . . . . . . . . . . . . . . . . . . . . . . . . .

. . . . . . . . . . . . . . . . . . . . . . . . . . . . . . . .

. . . . . . . . . . . . . . . . . . . . . . . . . . . . . . . .

# VIERTER STREICH ...

Ich hoffe, dass Du so unterwegs in meinen Gedichten Deinen eignen Stil erkannt hast und Dich darüber freust, anders zu sein.

## GENIESSE DEINE EIGENE ART, AUSSEN HART UND INNEN ZART.

Wenn die **Magie des Lachens TÜV-geprüft** Dein **Lebensglück** ausfüllt, wird Deine **Individualität Für ein Leben lang** als **Bunte Weise** das **Seelenpink** Deiner **Lebenskraft** sein.

So ist auch die **Handschrift Meine Art**, den **Regenbogen meines Seins** im **Sommerregen** entstehen zu lassen.

# MAGIE DES LACHENS

Ein Lachen ist ansteckend,
ein Lachen ist Welt verändernd,
ein Lachen ist Glück spendend.
Ein Lachen ist Traurigkeit abwendend.
Ein Lachen ist die schönste Verständigung.
Ein Lachen ist Magie,
vergiss das bitte nie!

# TÜV-GEPRÜFT

Nicht jedes Wort muss TÜV-geprüft sein,
so kommt kein Wunder in dein Leben rein.
Nutze sie, deine Spontanität,
dann ist es für die Fröhlichkeit im Leben nie zu spät.
Denn alles, was zählt, ist glücklich sein,
nur so ist man in sich daheim.

# LEBENSGLÜCK

Immer etwas Neues erleben,
jedem Tag sein Abenteuer geben,
nach den schönen Dingen streben,
so was nenn ich glücklich leben.

# INDIVIDUALITÄT

Jeder möchte was Besonderes sein,
doch auf einmal sehen alle gleich aus,
gehen mit derselben Frisur aus dem Haus,
in den gleichen Schuhen raus.
Haben geklonte Mäntel an,
reden von mal irgendwann.
Suchen nicht nach Individualität,
doch irgendwann ist es zu spät.

# FÜR EIN LEBEN LANG

Einen Teddybär'n braucht jedermann,
schaut euch meinen Charly an.
Ich weiß noch genau, wann es begann.
Kam die Bärenliebe erst sehr spät,
hat sie mich doch viel gelehrt.
So bin ich froh, ihn zu haben,
und hoffe das noch in vielen Jahren,
dass so schnell nicht aufhört,
was so wundervoll begann,
von jetzt an, für ein Leben lang.

# BUNTE WEISE

Ich bin eine bunte Weise
und auf meine Art nie leise,
betanke mich mit ganz viel Lachen,
damit auch Regentropfen mir Freude machen.
Tanze durch das graue Leben
und werde ihm viel Freude geben.
So kann ich durch mein Dasein schweben
und es genießen, dieses Leben.

# SEELENPINK

Seelenpink ist heut mein Tag,
seelenpink, weil ich es mag.
Seelenpink, weil ich was wag.
So werd ich heute in Rosarot erstrahlen,
mit Freude genießen meine Zeit
und schauen, wohin es mich am Ende treibt.

# LEBENSKRAFT

Des Lebens Kraft
ist des Lebens Stil
in des Lebens Biographie.
So wird aus der Vergangenheit die Zukunft gemacht,
auf dass die Karriere der Vita erwacht.
Es gibt keine Wegbeschreibung für den Lebenslauf,
doch mit einem guten Charakter kommt nur Wundervolles raus.
So bist du deine eigene Eigenart,
die der Individualität nichts erspart.
Gib deinem Leben die Besonderheit,
dann ist es immer für ein Lachen bereit.

# HANDSCHRIFT

Das Bild der Seele ist dein Angesicht
und auch der Stil, der aus ihm spricht.
Du bist eingehüllt in die Farben deiner Seele,
auf dass ihre Handschrift niemals vergehe.
So ist das Sein, wie ich es sehe,
auf dass das Buntsein nie vergehe.

# MEINE ART

Es ist meine Art,
mein Charakter und mein Sinn
so tief mitten in mir drin.
Es ist mein Temperament,
was mein Wesen beim Namen nennt.
Es ist mein Naturell,
selbst meiner Persönlichkeit bin ich zu schnell.
Es ist meine Eigenart,
sie hat immer einen Witz parat.
So ist es mein Ego,
meine Wesenheit,
die ich brauch für mein Geleit
in dieser verrückten Zeit.

# REGENBOGEN
# MEINES SEINS

Hab Glöckchen im Haar
und Freude im Sinn,
so ist der Regenbogen mitten in meiner Seele drin.
Wenn ich auch ein bisschen spinn,
gibt es nichts Bessres für mich im Leben,
als kunterbunt allem Freude zu geben.
So durchlebe ich den Tag
und werde mir mein Sein erhellen,
um beim Universum zu bestellen.
Dann kommen alle Wünsche dran,
zugleich und nicht erst irgendwann.
So werde ich des Lebens Sonne genießen
und mit Papierkügelchen auf Probleme schießen,
bis alle Wunder überfließen.

# SOMMERREGEN

Um am Ende zu erzählen,
wie geil alles war,
bleib mal noch ein bisschen da.
Nimm mehr am Leben teil
und fühl dich frei.
Genieße dein Sein in vollen Zügen,
dann musst du am Ende auch nichts rügen
und wirst über den schönsten Lebensinhalt verfügen.
Spüre dein Leben,
lauf durch den Sommerregen,
so wird alles zu deinem Segen.

# ERKENNTNISSE DES VIERTEN STREICHS ...

ES braucht kein perfektes „TÜV-geprüft", um glücklich zu sein, denn Wunder kommen nur durch Unsinn ins Leben rein.

Wo hat sich das „nicht perfekt" Deiner Seele versteckt?

Notiere es hier, dann gehören alle Wunder Dir.

. . . . . . . . . . . . . . . . . . . . . . . . . . . . . . . . . . . . . . . . . . .

. . . . . . . . . . . . . . . . . . . . . . . . . . . . . . . . . . . . . . . . . . .

. . . . . . . . . . . . . . . . . . . . . . . . . . . . . . . . . . . . . . . . . . .

. . . . . . . . . . . . . . . . . . . . . . . . . . . . . . . . . . . . . . . . . . .

. . . . . . . . . . . . . . . . . . . . . . . . . . . . . . . . . . . . . . . . . . .

. . . . . . . . . . . . . . . . . . . . . . . . . . . . . . . . . . . . . . . . . . .

. . . . . . . . . . . . . . . . . . . . . . . . . . . . . . . . . . . . . . . . . . .

. . . . . . . . . . . . . . . . . . . . . . . . . . . . . . . . . . . . . . . . . . .

. . . . . . . . . . . . . . . . . . . . . . . . . . . . . . . . . . . . . . . . . . .

. . . . . . . . . . . . . . . . . . . . . . . . . . . . . . . . . . . . . . . . . . .

. . . . . . . . . . . . . . . . . . . . . . . . . . . . . . . . . . . . . . . . . . .

. . . . . . . . . . . . . . . . . . . . . . . . . . . . . . . . . . . . . . . .

. . . . . . . . . . . . . . . . . . . . . . . . . . . . . . . . . . . . . . . .

. . . . . . . . . . . . . . . . . . . . . . . . . . . . . . . . . . . . . . . .

. . . . . . . . . . . . . . . . . . . . . . . . . . . . . . . . . . . . . . . .

. . . . . . . . . . . . . . . . . . . . . . . . . . . . . . . . . . . . . . . .

. . . . . . . . . . . . . . . . . . . . . . . . . . . . . . . . . . . . . . . .

. . . . . . . . . . . . . . . . . . . . . . . . . . . . . . . . . . . . . . . .
. . . . . . . . . . . . . . . . . . . . . . . . . . . . . . . . . . . . . . . .
. . . . . . . . . . . . . . . . . . . . . . . . . . . . . . . . . . . . . . . .
. . . . . . . . . . . . . . . . . . . . . . . . . . . . . . . . . . . . . . . .
. . . . . . . . . . . . . . . . . . . . . . . . . . . . . . . . . . . . . . . .
. . . . . . . . . . . . . . . . . . . . . . . . . . . . . . . . . . . . . . . .
. . . . . . . . . . . . . . . . . . . . . . . . . . . . . . . . . . . . . . . . . . . . .
. . . . . . . . . . . . . . . . . . . . . . . . . . . . . . . . . . . . . . . . . . . . .
. . . . . . . . . . . . . . . . . . . . . . . . . . . . . . . . . . . . . . . . . . . . .
. . . . . . . . . . . . . . . . . . . . . . . . . . . . . . . . . . . . . . . . . . . . .
. . . . . . . . . . . . . . . . . . . . . . . . . . . . . . . . . . . . . . . . . . . . .
. . . . . . . . . . . . . . . . . . . . . . . . . . . . . . . . . . . . . . . . . . . . .
. . . . . . . . . . . . . . . . . . . . . . . . . . . . . . . . . . . . . . . . . . . . .
. . . . . . . . . . . . . . . . . . . . . . . . . . . . . . . . . . . . . . . . . . . . .
. . . . . . . . . . . . . . . . . . . . . . . . . . . . . . . . . . . . . . . . . . . . .
. . . . . . . . . . . . . . . . . . . . . . . . . . . . . . . . . . . . . . . . . . . . .
. . . . . . . . . . . . . . . . . . . . . . . . . . . . . . . . . . . . . . . . . . . . .
. . . . . . . . . . . . . . . . . . . . . . . . . . . . . . . . . . . . . . . . . . . . .
. . . . . . . . . . . . . . . . . . . . . . . . . . . . . . . . . . . . . . . . . . . . .
. . . . . . . . . . . . . . . . . . . . . . . . . . . . . . . . . . . . . . . . . . . . .
. . . . . . . . . . . . . . . . . . . . . . . . . . . . . . . . . . . . . . . . . . . . .
. . . . . . . . . . . . . . . . . . . . . . . . . . . . . . . . . . . . . . . . . . . . .
. . . . . . . . . . . . . . . . . . . . . . . . . . . . . . . . . . . . . . . . . . . . .

91

# SCHLUSSHOFFNUNG

Ich hoffe,
dass Dein Stil in Dir zu neuem Leben erwacht ist
und feststellt, dass er Deinem Sein die Farbe gibt.
Sei nie perfekt,
sondern immer nur Du selbst,
so wirst Du Deiner Seele treu bleiben
und es schaffen,
dass Deine Wünsche in Erfüllung gehen.
Denn der Stil in Dir entfacht den Zauber
Deines Lebens.
Bis bald,
dort,
wo die Lebensfreude Purzelbäume schlägt.

# Wundertütenpoet

Besuche mich auf

www.wundertuetenpoet.de